超有趣
语文

词语

世界儿童杂志社◎编

SPM 南方传媒 | 新世纪出版社
·广州·

图书在版编目（CIP）数据

超有趣的语文. 词语 / 世界儿童杂志社编. —广州：新世纪出版社，2024.10

ISBN 978-7-5583-4039-0

Ⅰ. ①超…　Ⅱ. ①世…　Ⅲ. ①小学语文课—教学参考资料　Ⅳ. ①G624.203

中国国家版本馆CIP数据核字（2023）第181925号

出 版 人：陈少波
责任编辑：林祎珊　彭香遥
特约编辑：胡　婷　刘　颖　冉梦竹　熊玉萍
责任校对：庄淳楦　黄鸿生
责任技编：陈静娴

超有趣的语文　词语
CHAO YOUQU DE YUWEN　CIYU
世界儿童杂志社 编

出版发行：新世纪出版社
（地址：广州市越秀区大沙头四马路 12 号 2 号楼　邮编：510102）
经　　销：全国新华书店
印　　刷：广州市豪威彩色印务有限公司
规　　格：787 mm × 1092 mm　1/16
印　　张：7.25
字　　数：66 千字
版　　次：2024 年 10 月第 1 版
印　　次：2024 年 10 月第 1 次印刷
定　　价：28.00 元

质量监督电话：020-83797655

序言

语文，是孩子开启学习大门就会面对的第一课，也是与其相伴终生的基础学科。

学好语文，不仅能帮助孩子运用语言工具顺利地参与社会活动，还能让孩子培养积极向上的情感，助力其思维的发展与提升，树立正确的价值观、人生观及审美意识。语文学习非常重要，而语文学习的基础，正是汉字。

作为中华文化传承、发展、繁荣的重要载体，汉字，是我们每个中国人都应该掌握的文化基因，是解开中华文化的密码。可以说，学好汉字，掌握拼音，为语文学习奠基，就是在亲近中华文化的根脉，这会让孩子受益终生。

《超有趣的语文》就是这样一套帮助正处于阅读启蒙黄金期的孩子学好拼音、学好汉字、学好语文的启蒙桥梁书。本套书由创刊四十余年的《世界儿童》杂志编辑部按照“从刊物中来、到教材中去、在生活中用”的理念精心编写，围绕大语文体系，分为“拼音”“汉字”“词语”“成语与歇后语”四册，每册一个主题，数篇故事，每篇故事均按照“主题童话+

积累百宝箱+知识直通车+素养拓展营”的体例编排。邀请知名儿童文学作家撰稿，专业儿童插画师绘图，一线小学语文教师拟定互动习题，使得语文学习真正“有趣有用”，解决启蒙难题。

关注幼小衔接，培养阅读兴趣，打好语文基础。使用这套图书时，建议幼儿园的孩子与家长亲子共读，循序渐进；一二年级的孩子，可以在拼音的帮助下，自然过渡到自主阅读。在阅读过程中，家长可以采用默读、情景对话、角色扮演、小剧场等形式帮助孩子理解。读后，“积累百宝箱”帮助小朋友识别、掌握、书写好词好句；“知识直通车”用来巩固本篇知识点；“素养拓展营”则是知识的拓展、延伸，助力孩子拓展视野、举一反三。

在此，希望每一个孩子，都能流连于拼音王国的妙趣横生，沉浸于汉字世界的博大精深，惊叹于文化典故的深刻含义，感动于奇妙童话的想象和创意……在这个“超有趣、超好玩、超有用”的语文世界里有所思、有所得，亲近我们的母语，亲近中华文化。

目录

五花八门的天

文 / 熊玉萍　图 / 寇岚

tīng shuō dì shàng de rén hěn xǐ huan tiān　xiǎo shén
听说地上的人很喜欢天，小神
xiān jué de yǒu shāng jī　jué dìng zài tiān shàng dǎ zào yí
仙觉得有商机，决定在天上打造一
gè yǔ zhòng bù tóng de lǚ yóu jǐng diǎn　lǎo shén xiān gào
个与众不同的旅游景点。老神仙告
su tā　wèi le què bǎo wàn wú yì shī　zuì hǎo xiān zuò
诉他，为了确保万无一失，最好先做
shì chǎng diào chá
市场调查。

shì chǎng diào chá　xiǎo shén xiān bù míng bai
"市场调查？"小神仙不明白。

jiù shì qù fán jiān diào chá yí xià yǒu duō shao rén
"就是去凡间调查一下有多少人
xǐ huan tiān　xǐ huan shén me
喜欢天，喜欢什么……"

lǎo shén xiān hái méi shuō wán　xiǎo shén xiān jiù
老神仙还没说完，小神仙就
jí cōng cōng de xià fán le　tā luò zài yì tiáo xiǎo lù
急匆匆地下凡了，他落在一条小路
shàng　biàn chéng le yí gè xiǎo jì zhě　yíng miàn zǒu lái
上，变成了一个小记者。迎面走来
yí wèi lǎo tài tai　xiǎo shén xiān máng yíng le shàng qù
一位老太太，小神仙忙迎了上去，
wèn　lǎo ren jia　wǒ shì　lǚ yóu bào　de
问："老人家，我是《旅游报》的
xiǎo jì zhě　qǐng wèn nín xǐ huan tiān ma　xǐ huan shén
小记者，请问您喜欢天吗？喜欢什
me tiān
么天？"

lǎo tài tai tīng le　huí dá shuō　tiān　nǐ
老太太听了，回答说："天？你
zěn me wèn zhè me qí guài de wèn tí　bú guò huà shuō huí
怎么问这么奇怪的问题？不过话说回
lái　wǒ xǐ huan tiān　dàn wǒ zhǐ xǐ huan chūn tiān　yīn
来，我喜欢天，但我只喜欢春天，因
wèi zhǐ yǒu chūn tiān cái ràng wǒ gǎn dào wēn nuǎn
为只有春天才让我感到温暖。"

xiè guo lǎo rén　xiǎo shén xiān lái dào yí gè jiàn
谢过老人，小神仙来到一个建

筑工地，问一位正在砌墙的工人：“您好，我是《旅游报》的小记者，请问您喜欢天吗？喜欢什么天？”

工人听了，停下手中的活儿，说：“天？你问的什么问题呀？我当然喜欢天了，不过我只喜欢晴天。因为只有晴天，我才有活儿干，才能赚到钱。”小神仙闹不明白了，为什么大家的回答会不一样呢？他决定再找个人问问。

小神仙来到一所学校，此时正是放学的时候，成群结队的孩子从校门口涌出来。

“你好，我是《旅游报》的小

jì zhě qǐng wèn nǐ xǐ huan tiān ma xǐ huan shén me
记者，请问你喜欢天吗？喜欢什么
tiān xiǎo shén xiān wèn yí gè xiǎo nán hái
天？”小神仙问一个小男孩。

tīng dào jì zhě zhè me wèn yì qún hái zi pǎo guò
听到记者这么问，一群孩子跑过
lái yì kǒu tóng shēng de huí dá dào xīng qī tiān
来，异口同声地回答道：“星期天！
wǒ men xǐ huan xīng qī tiān
我们喜欢星期天！”

xīng qī tiān kě yǐ zì yóu zì zài de wán
“星期天可以自由自在地玩。”
yí gè xiǎo nǚ hái chā huà dào xiǎo shén xiān mèn mèn bú lè
一个小女孩插话道。小神仙闷闷不乐

de huí dào tiān shàng duì lǎo shén xiān shuō dì shàng de
地回到天上，对老神仙说：“地上的
rén men tài qí guài le tā men xǐ huan de tiān wǔ huā bā
人们太奇怪了，他们喜欢的天五花八
mén zhè ge lǚ yóu jǐng diǎn gēn běn wú fǎ dǎ zào
门，这个旅游景点根本无法打造。”

lǎo shén xiān tīng hòu hā hā dà xiào nǐ nà
老神仙听后，哈哈大笑：“你那

yàng wèn tā men bú nà yàng huí dá cái qí guài ne
样问，他们不那样回答才奇怪呢！”

nà gāi zěn me wèn ne xiǎo shén xiān zhè cái
“那该怎么问呢？”小神仙这才

xiǎng qǐ zì jǐ xiān qián méi tīng wán lǎo shén xiān de huà
想起自己先前没听完老神仙的话。

nǐ xiān qù chá zì diǎn nòng dǒng tiān de
“你先去查字典，弄懂‘天’的

gè zhǒng yì si zài zuò xià yí bù dǎ suàn ba
各种意思，再做下一步打算吧！”

积累百宝箱

读完这篇故事，把你觉得有新鲜感的字词记录下来吧！

知识直通车

字源识字

1. 在汉字王国中，有许多字是根据物的外形特征创造出来的，这类字叫象形字。你能把下面的汉字和象形字一一对应起来吗？

羽　　贝　　天　　龟　　鱼

汉字“天”的不同含义

2. 小神仙查阅字典之后才发现，原来“天”有这么多不同的意思！一起来看看他的学习笔记吧！

①指天空，比如天边。

②指季节，比如春天。

③用于计算天数，比如每天。

④指自然界，比如天灾。

原来，小神仙会得到不同的回答，是因为人们把“天”理解成了不同的意思。比如：老太太把“天”理解成了（　　），小孩子们把“天”理解成了（　　）。（填序号）

生活情景

3．要想采访成功，小神仙接下来应该这样做：（　　）。

A．问他们如果到天上去旅游，最希望看到什么景点。

B．问他们喜欢什么样的天，但不能说与天空、季节和时间有关的天。

素养拓展营

汉字“地”的不同含义

1．和“天”相对的是“地”，“地”也有很多不同的含义，试着完成下面的连线吧！

地球	指人的内心
地下	人类生长或活动的所在
土地	建筑材料铺成的平面
地板	地球表面的土壤
心地	地球表面除去海洋、江河、湖泊的部分

多音字辨析

2．“地”除了读“dì”，还可以读“de”，在下面的括号中写上“地”的正确拼音吧。

田地（　　）　　慢慢地（　　）走

轻声地（　　）说　　地面（　　）

除夕找“红”喜迎春

文 / 王千缘　图 / 海绵方球

今天是除夕，窗外，寒风呼呼刮着，雪花漫天飞舞，像是小精灵们在舞蹈。

嘟嘟贴好“福”字，好奇地问：“为什么它们都是红色的？”

奶奶从厨房探出头说：“好孩子，我们贴红色的春联和‘福’字，是为了赶跑年兽，不让它来捣乱呀。传说，年兽最怕红色、巨响和火光。”

爸爸接过奶奶的话茬儿：“另外，红色的寓意是吉祥喜气，春节是阖家欢乐的节日，所以红色和它

shì zuì jiā dā dàng bǎo
是‘最佳搭档’。宝

bèi hóng bù jǐn jǐn zhǐ
贝，‘红’不仅仅指

yán sè duō duō guān chá
颜色，多多观察，

nǐ yí dìng néng zhǎo dào gèng
你一定能找到更

duō cáng zài shēn biān de
多藏在身边的

hóng dū du
‘红’。”嘟嘟

sì dǒng fēi dǒng de diǎn
似懂非懂地点

le diǎn tóu
了点头。

kè tīng lǐ jiě jie zhèng zài kàn shǒu jī shàng de
客厅里，姐姐正在看手机上的
chūn wǎn jié mù dān tài bàng le jīn nián yǒu wǒ zuì
春晚节目单：“太棒了，今年有我最
ài de dāng hóng gē xīng ne
爱的当红歌星呢！”

jiě jie zhè wèi gē ge hé
“姐姐，这位哥哥和
hóng yǒu shén me guān xì ne dū
‘红’有什么关系呢？”嘟
du wāi zhe nǎo dai kàn zhào piàn
嘟歪着脑袋看照片，
tā kàn qǐ lái hé wǒ men yí
“他看起来和我们一
yàng dōu shì huáng zhǒng rén
样，都是黄种人，
yì diǎnr yě bù hóng
一点儿也不红。”

jiě jie pū chī yí xià xiào
姐姐扑哧一下笑
le jiě shì dào wǒ shuō de
了，解释道：“我说的
hóng kě bú shì zhǐ hóng sè ér
‘红’可不是指红色，而
shì shòu rén huān yíng de yì si rén men
是‘受人欢迎’的意思。人们
rèn wéi tā shì kào chàng gē chū míng de zhè lǐ de
认为他是靠唱歌出名的，这里的
hóng kě yǐ lǐ jiě wéi chéng gōng
‘红’可以理解为‘成功’。”

嘟嘟眨了眨眼睛：“哦……原来，‘红’藏在厉害的人里面。”

在一旁看书的爷爷抬起头，笑呵呵地说：“走，我带你们去看看不一样的‘红’。”爷爷带着嘟嘟和姐姐来到一所学校前，嘟嘟抬头望去，鲜艳的五星红旗正迎风飘扬。

“我知道了，‘红’还藏在国旗里、我的红领巾里、姐姐的团徽里。”

爷爷欣慰地点点头：“‘红’还象征着理想和进步。无数先辈们的付出和奉献，才让我们拥有了今天的幸福生活。”

在回家的路上，爷爷又给姐妹俩讲了许多关于红军的故事。嘟嘟觉

de zhè zhēn shì zuì wēn nuǎn zuì kě kào zuì néng jī
得，这真是最温暖、最可靠、最能激

lì rén men qián jìn de hóng le
励人们前进的“红”了！

dào jiā shí nián yè fàn yǐ jīng zuò hǎo le yì
到家时，年夜饭已经做好了。一

jiā rén zài nián mò de huān shēng xiào yǔ zhōng yíng jiē zhe
家人在年末的欢声笑语中，迎接着

xīn yì nián de dào lái
新一年的到来。

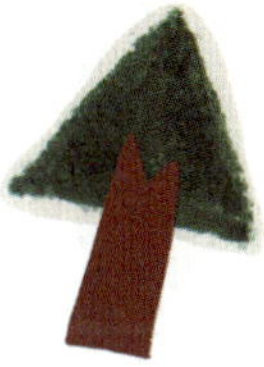

积累百宝箱

读完故事，把你喜欢的字词抄写下来吧！

知识直通车

查字典识字

1．如果你不认识“红”字，可以通过部首查字法来解决，试着用查字典的知识填一填。

“红”的部首是（　　），除去部首还剩（　　）画。

词义辨析

2．读完故事，我们知道“红”有多种意思，你能把带“红”的词语送进句子里吗？

红色　　红人　　红军

（1）姐姐成了网络（　　）。

（2）妈妈有一件（　　）毛衣。

（3）爷爷是一位（　　），我们大家都很敬重他。

信息提取

3．你知道过年时为什么要使用“红”色的物品吗？（　　）

A．为了赶跑年兽。

B．因为红色好看。

素养拓展营

查字典识字

1. “红”与“绿”相对，试着用音序查字法来查一查“绿”字吧。

“绿”的音序是（　　　），音节是（　　　）。

知识积累

2. “福”也与春节相关，不同词语中的“福”的意思也不同，你能将它们一一对应起来吗？

福音	保佑
万福	旧时妇女行礼的姿势
福酒	好消息
福佑	祭神的酒肉

森林运动会

文 / 张甲男　图 / 杨焘宁

xià tiān de yè wǎn zài xiǎo péng you men jìn rù
夏天的夜晚，在小朋友们进入
mèng xiāng de shí hou dòng wù wáng guó lǐ què rè nao qǐ
梦乡的时候，动物王国里却热闹起
lái le yīn wèi jīn nián de sēn lín yùn dòng huì jí jiāng kāi
来了，因为今年的森林运动会即将开
mù la
幕啦！

qiáo huā cǎo lā lā duì hé shù mù lā lā duì
瞧！花草啦啦队和树木啦啦队
shuài xiān dēng chǎng ē nuó de liǔ shù gū niang gāo dà
率先登场：婀娜的柳树姑娘、高大

de bái yáng xiān sheng sì jì cháng qīng de sōng bǎi xiōng dì
的白杨先生、四季常青的松柏兄弟
shǒu lā shǒu gē chàng xiàng rì kuí yǎng qǐ jīn càn càn de xiào
手拉手歌唱；向日葵仰起金灿灿的笑
liǎn mò lì hún shēn sàn fā zhe xiāng qì hé huā tíng tíng
脸；茉莉浑身散发着香气；荷花亭亭
yù lì wǔ zī yōu měi
玉立，舞姿优美……

wū yā xiǎo jiě shì běn cì yùn dòng huì de zhǔ chí
乌鸦小姐是本次运动会的主持
rén tā zhèng xiàng dà jiā jiè shào cān jiā yùn dòng huì de
人，她正向大家介绍参加运动会的
sì zhī dài biǎo tuán
四支代表团：

shǒu xiān chū chǎng de shì fēi qín lèi dài biǎo tuán
“首先出场的是飞禽类代表团。
jǐn jī áng shǒu kuò bù zǒu zài zuì qián miàn yā zi yì yáo
锦鸡昂首阔步走在最前面，鸭子一摇
yì bǎi jǐn suí qí hòu hòu miàn hái gēn zhe bái é xiān
一摆紧随其后，后面还跟着白鹅、仙
hè lù sī dù juān děng chū sè de xuǎn shǒu tā men
鹤、鹭鸶、杜鹃等出色的选手，他们
de qiáng xiàng shì fēi xíng míng jiào hé yóu yǒng
的强项是飞行、鸣叫和游泳。

jǐn jiē zhe chū chǎng de shì zǒu shòu lèi dài biǎo
“紧接着出场的是走兽类代表
tuán qiáng zhuàng de dà xīng xing huī zhe qí zhì dài lǐng duì
团。强壮的大猩猩挥着旗帜带领队
yuán men rù chǎng hóu zi liè gǒu shān māo shī
员们入场，猴子、猎狗、山猫、狮

zi yě zhū děng xuǎn shǒu jiāng zài sài pǎo zì yóu bó
子、野猪等选手将在赛跑、自由搏
jī děng xiàng mù zhōng dà xiǎn shēn shǒu
击等项目中大显身手。
xià miàn yào lóng zhòng jiè shào kūn chóng lèi dài biǎo
“下面要隆重介绍昆虫类代表

tuán bié kàn tā men gè tóur xiǎo duì wu què hěn
团，别看他们个头儿小，队伍却很
páng dà qīng tíng hú dié mì fēng zài kōng zhōng fēi
庞大。蜻蜓、蝴蝶、蜜蜂在空中飞
wǔ zhà měng mǎ yǐ lái le yí dà qún dà gài shì
舞，蚱蜢、蚂蚁来了一大群，大概是
yào cān jiā tuán tǐ xiàng mù wō niú yě bēi zhe xiǎo fáng
要参加团体项目；蜗牛也背着‘小房
zi lái le shí zài shì tài rè nao le
子’来了……实在是太热闹了！

zuì hòu chū chǎng de shì yú lèi dài biǎo tuán
“最后出场的是鱼类代表团。
yí tā men zài nǎr ne wā nà biān de hú lǐ
咦，他们在哪儿呢？哇，那边的湖里
shuǐ huā sì jiàn tā men lái le ài tiào lóng mén de lǐ
水花四溅，他们来了！爱跳龙门的鲤
yú chōng zài zuì qián fāng yú lèi dà jiā zú wǔ dòng shēn
鱼冲在最前方，鱼类大家族舞动身
zi juē qǐ wěi ba kāi shǐ le shuǐ shàng biǎo yǎn
子，撅起尾巴，开始了水上表演。
qiáo qiao dōu lái le shuí ne ní qiu diàn mán jì
瞧瞧都来了谁呢？泥鳅、电鳗、鲫
yú guì yú lú yú āi yā zhēn ràng wǒ yǎn
鱼、鳜鱼、鲈鱼……哎呀，真让我眼
huā liáo luàn dōu kàn bù qīng le
花缭乱，都看不清了。”

wū yā xiǎo jiě yì zhí pán xuán zài dà hú shàng fāng
乌鸦小姐一直盘旋在大湖上方
wèi dà jiā jiè shào zhe wū hēi de yǔ máo dōu bèi shuǐ huā
为大家介绍着，乌黑的羽毛都被水花

dǎ shī le zhè shí biān fú xiān sheng jí jí máng máng
打湿了。这时，蝙蝠先生急急忙忙

fēi dào huì chǎng tā qì chuǎn xū xū de wèn wǒ lái
飞到会场，他气喘吁吁地问：“我来

wǎn le qǐng wèn wǒ de tuán duì zài nǎ lǐ ne
晚了，请问我的团队在哪里呢？”

wū yā xiǎo jiě xiǎng le xiǎng biān fú de míng zi wǎng
　　乌鸦小姐想了想蝙蝠的名字，往

zuǒ qián fāng yì zhǐ shuō nǐ de míng zi liǎng gè zì
左前方一指，说：“你的名字两个字

dōu shì chóng zì páng kūn chóng dài biǎo tuán zài nà biān
都是虫字旁，昆虫代表团在那边。”

biān fú xiān sheng lì mǎ fēi dào qīng tíng páng biān bù hǎo
蝙蝠先生立马飞到蜻蜓旁边，不好
yì si de shuō wǒ kě yǐ pái zài nǐ páng biān ma
意思地说："我可以排在你旁边吗？"
qīng tíng kàn kan biān fú zài kàn kan zì jǐ hé qí
蜻蜓看看蝙蝠，再看看自己和其
tā kūn chóng shuō nǐ shì bú shì zhàn cuò duì wu le
他昆虫，说："你是不是站错队伍了？
nǐ de zhǎng xiàng yì diǎnr yě bú xiàng kūn chóng a
你的长相一点儿也不像昆虫啊！"

kě wǒ shì chóng zì páng a biān fú zhǐ zhe
"可我是虫字旁啊！"蝙蝠指着
zì jǐ de míng pái shuō
自己的名牌说。

zhī liǎo zhī liǎo wǒ zhī dào chán fēi lái
"知了，知了，我知道。"蝉飞来
jiě shì dào gǔ dài de rén lèi hái bú dà huì gěi wǒ men
解释道，"古代的人类还不大会给我们
dòng wù fēn lèi bǎ xǔ duō dòng wù dōu chēng zuò chóng
动物分类，把许多动物都称作虫，

shé shì cháng chóng lǎo hǔ shì dà chóng suǒ yǐ gěi nǐ
蛇是长虫，老虎是大虫，所以给你
men biān fú zào gè chóng zì páng yě jiù bù qí guài le
们蝙蝠造个虫字旁也就不奇怪了。”

nà wǒ gāi dào nǎ ge duì wu ne biān fú xiān
“那我该到哪个队伍呢？”蝙蝠先
sheng wèn
生问。

nǐ huì fēi dào fēi qín lèi dài biǎo tuán qù
“你会飞，到飞禽类代表团去
ba chán shuō
吧！”蝉说。

biān fú gāng fēi dào fēi qín lèi dài biǎo tuán yā zi
蝙蝠刚飞到飞禽类代表团，鸭子
jiù wèn wǒ men fēi qín lèi dōu huì shēng dàn nǐ men
就问：“我们飞禽类都会生蛋，你们

biān fú huì ma
蝙蝠会吗？”

biān fú yáo yao tóu shuō bú huì
蝙蝠摇摇头说：“不会。”

xiān hè zǐ xì kàn le kàn biān fú shuō wǒ
仙鹤仔细看了看蝙蝠，说：“我
men shēn shàng zhǎng de shì yǔ máo nǐ zhè shēn xì duǎn de
们身上长的是羽毛，你这身细短的
róng máo yǔ shòu lèi dào hěn xiàng
绒毛与兽类倒很像。”

biān fú yòu fēi dào le zǒu shòu lèi dài biǎo tuán tā
蝙蝠又飞到了走兽类代表团，他
zài nà lǐ shòu dào le rè liè huān yíng yīn wèi dà xīng xing
在那里受到了热烈欢迎，因为大猩猩
gāo xìng de shuō tài hǎo le wǒ men zǒu shòu lèi yě
高兴地说：“太好了！我们走兽类也

kě yǐ cān jiā fēi xíng bǐ sài le
可以参加飞行比赛了。”

dòng wù men de bǐ sài zhèng jī liè de jìn xíng zhe
动物们的比赛正激烈地进行着。

xiǎo péng you nǐ zài mèng lǐ yě xǔ huì kàn dào ne
小朋友，你在梦里也许会看到呢！

积累百宝箱

故事里有好多有意思的短语，如婀娜的柳树姑娘、高大的白杨先生……把你喜欢的记录下来吧！

知识直通车

归类识字

1．树木啦啦队和花草啦啦队分别有哪些成员呢？你能将他们送进相应的方阵吗？

柳树　　荷花　　白杨　　茉莉　　向日葵　　松树

树木啦啦队	花草啦啦队

偏旁识字

2．四支代表团里的成员各有特色，你从他们的名字中发现了什么？

飞禽类代表团：锦鸡、鸭子、白鹅、仙鹤、鹭鸶、杜鹃，他们的名字都有（　　　）旁。

走兽类代表团：大猩猩、猴子、猎狗、山猫、狮子、野猪，他们的名字中都有（　　　）旁。

昆虫类代表团：蜻蜓、蝴蝶、蜜蜂、蚱蜢、蚂蚁，他们的名字中都有（　　　）旁。

鱼类代表团：鲤鱼、泥鳅、电鳗、鲫鱼、鳜鱼、鲈鱼，他们的名字中都有（　　　）旁。

内容理解

3. 上网查一查，蝙蝠属于哪一类？（　　）

A. 昆虫类　　B. 走兽类　　C. 飞禽类

素养拓展营

偏旁识字

1. 在汉字王国里，动物类除了以上四个部首外，还有“马”“牛”等。你能写出几个带有这些偏旁的字吗？

马字旁：________________

牛字旁：________________

比较辨义

2. “狐狸”和“豹子”的偏旁不同。你知道他们的区别吗？试着连一连。

豹、豺、貉　　　　与狗有关

狗、狐、狸　　　　与独居的动物有关

小羊打败大灰狼

文 / 张甲男

图 / 香蕉猴

yáng mā ma hé tā de hái zi men shēng huó zài yí
羊妈妈和她的孩子们生活在一
gè lǜ cǎo yīn yīn de shān gǔ zhōng xiǎo yáng men de pí máo
个绿草茵茵的山谷中。小羊们的皮毛
dà dōu gēn mā ma yí yàng shì bái sè de kě qí zhōng
大都跟妈妈一样是白色的，可其中
yǒu yì zhī xiǎo yáng hěn bù yí yàng tā de máo shì hēi sè
有一只小羊很不一样，他的毛是黑色
de suǒ yǐ mā ma jiào tā xiǎo hēi
的，所以妈妈叫他小黑。

bái yáng men měi tiān zài shān jiǎo xià yōu xián de chī

白羊们每天在山脚下悠闲地吃

cǎo xiǎo hēi què sā kāi tí zi wǎng shān dǐng pǎo dōng

草，小黑却撒开蹄子往山顶跑。冬

tiān dào le bái yáng men dōu huàn shàng le hòu hòu de dōng

天到了，白羊们都换上了厚厚的冬

zhuāng xiǎo hēi què yī rán chuān zhe báo báo de xià zhuāng

装，小黑却依然穿着薄薄的夏装，

lěng de zhí dǎ duō suo què dà hǎn zhe rè

冷得直打哆嗦，却大喊着热。

yè wǎn bái yáng men dōu shuì jiào le xiǎo hēi

夜晚，白羊们都睡觉了。小黑

què dèng dà le yǎn jing chán zhe yáng mā ma shuō mā

却瞪大了眼睛，缠着羊妈妈说：“妈

ma gěi wǒ jiǎng yí gè xiǎo yáng dǎ bài dà huī láng

妈，给我讲一个《小羊打败大灰狼》

de gù shi ba

的故事吧！”

“你这个爱唱反调的孩子，弱小的羊只会被强大的狼吃掉。要是遇到大灰狼，你一定要躲得远远的。”羊妈妈语重心长地说。

可小黑却默默想着：我一定会打败大灰狼的。

有一天，山谷里真的来了一只大灰狼，羊妈妈赶紧带领小羊们躲了起来，只有小黑悄悄溜了出去，他冲着大灰狼喊：“我才不怕你呢！”

大灰狼看着这只天真的小羊，笑嘻嘻地说：“把自己送到我的嘴边，真是个愚蠢的小家伙。”

说完，大灰狼就向小黑扑去，小黑灵活一闪，向山顶飞奔而去，大

huī láng zài hòu miàn shǐ jìn zhuī gǎn， kě zhuī ya zhuī， zǒng
灰狼在后面使劲追赶，可追呀追，总
shì chà nà me yì diǎnr
是差那么一点儿。

děng xiǎo hēi pǎo dào le xuán yá biān， dà huī láng
等小黑跑到了悬崖边，大灰狼
cái chuǎn zhe qì shuō： gēn wǒ shuǎ shuǎ xiǎo
才喘着气说：“跟我……耍……耍小
cōng míng， méi méi lù le ba
聪明，没……没路了吧。”

xiǎo hēi áng zhe tóu shuō： wǒ néng tiào dào duì miàn
小黑昂着头说：“我能跳到对面
qù， nǐ néng ma
去，你能吗？”

tiào guò qù？ nǐ huì shuāi gè xī ba làn！
“跳过去？你会摔个稀巴烂！”
dà huī láng hā hā dà xiào
大灰狼哈哈大笑。

bú liào， xiǎo hēi zòng
不料，小黑纵
shēn yí yuè， hěn qīng sōng de
身一跃，很轻松地
jiù tiào le guò qù， yīn wèi，
就跳了过去，因为，

tā yǐ jīng liàn xí guo hěn duō
他已经练习过很多
cì le
次了。

wǒ shì yì zhī yǒng gǎn
“我是一只勇敢
de yáng duì miàn shì yì zhī
的羊，对面是一只
dǎn xiǎo de láng hēi dǎn
胆小的狼。嘿！胆
xiǎo de láng kuài guò lái a
小的狼快过来啊！”
xiǎo hēi gù yì dà hǎn zhe
小黑故意大喊着。

bèi yì zhī yáng cháo
被一只羊嘲
xiào dà huī láng kě shòu
笑，大灰狼可受

bù liǎo tā shǐ jìn yí tiào zuì zhōng shuāi xià le
不了，他使劲一跳，最终摔下了
xuán yá děng xiǎo hēi bèng bèng tiào tiào xià shān qù de shí
悬崖。等小黑蹦蹦跳跳下山去的时
hou tā xiǎng wǒ yào gěi mā ma jiǎng yí gè xiǎo yáng
候，他想：我要给妈妈讲一个《小羊
dǎ bài dà huī láng de gù shi
打败大灰狼》的故事。

积累百宝箱

请把故事中你感兴趣的字词记录下来。

知识直通车

词义辨析

1. 联系上下文，你可以把下面的词语和释义一一对应起来吗？连一连。

唱反调	对人真诚劝告
摔个稀巴烂	摔坏
语重心长	违背别人的要求，对着干

信息提取

2. 故事中还有很多爱唱反调的词——反义词。找一找，写一写。

黑——（　　　）　　厚——（　　　）

冷——（　　　）　　远——（　　　）

强大——（　　　）　　愚蠢——（　　　）

内容理解

3. 你觉得小黑是一只怎样的小羊？下面哪些说法是正确的，请在相应的括号里打“√”。

A. 聪明（　　）　　B. 有梦想（　　）

C. 爱动脑筋（　　）　　D. 任性（　　）

素养拓展营

联系生活

1．生活中，你还见过哪些互相“唱反调”的词，把它们写下来吧。

（　　）——（　　）

（　　）——（　　）

（　　）——（　　）

理解运用

2．斗败了大灰狼，森林里的小动物们非常感激小羊。这不，他们专门为小羊编了一首儿歌，不过歌词被调皮的小猴擦掉了一部分，你能把它填完整吗？注意加点的词。

天对（　　），短对（　　），

小羊打败（　　）灰狼。

东边阴，（　　）边（　　），

斗败灰狼好心情。

胖胖猪参赛记

文 / 熊玉萍　图 / 圆白菜

yí dà zǎo，cūn zi lǐ de
一大早，村子里的
xiǎo dòng wù men fēn fēn shōu dào le lái
小动物们纷纷收到了来
zì mó fǎ yǔ wén xué yuàn de yāo qǐng
自魔法语文学院的邀请
hán，pàng pàng zhū yě bú lì wài。
函，胖胖猪也不例外。

xué yuàn jí jiāng jǔ xíng yì nián yí dù de "huà
学院即将举行一年一度的"话
jù biǎo yǎn dà sài", dà jiā dōu mó quán cā zhǎng, yuè
剧表演大赛"，大家都摩拳擦掌，跃
yuè yù shì. bú guò, lóng xiào zhǎng zài qù xué yuàn de
跃欲试。不过，龙校长在去学院的
lù tú zhōng shè zhì le sān dào guān qiǎ, néng tōng guò guān
路途中设置了三道关卡，能通过关
qiǎ, shùn lì dào dá xué yuàn de xiǎo dòng wù cái néng bào
卡，顺利到达学院的小动物才能报
míng cān sài.
名参赛。

pàng pàng zhū zhǐ jiǎn dān shōu shi le yí xià xíng
胖胖猪只简单收拾了一下行
li, jiù ná zhe yāo qǐng hán hé dì tú chū fā le.
李，就拿着邀请函和地图出发了。

qiǎo guò tóng yīn zì hé

巧过“同音字河”

jīng guò yí shàng wǔ de bēn bō pàng pàng zhū lái
经过一上午的奔波，胖胖猪来
dào le dì tú shàng biāo shì de xiǎo hé biān
到了地图上标示的小河边。

hé shuǐ lǐ líng xīng tǎng zhe jǐ kuài dà shí tou pàng
河水里零星躺着几块大石头，胖
pàng zhū xìng chōng chōng de zǒu guò qù gāng xiǎng mài jiǎo
胖猪兴冲冲地走过去，刚想迈脚，
dì tú shuō huà le pàng pàng zhū ya zhè shì yì tiáo
地图说话了：“胖胖猪呀，这是一条
tóng yīn zì hé yào xiǎng guò qù děi bǎ zhè zuò
‘同音字河’，要想过去，得把这座
cí yǔ qiáo dā qǐ lái cái xíng
‘词语桥’搭起来才行。”

pàng pàng zhū rèn rèn zhēn zhēn de kàn le cí yǔ
胖胖猪认认真真地看了“词语
qiáo shàng de zì hěn kuài jiù zhǎo chū le jǐ zǔ tóng yīn zì
桥”上的字，很快就找出了几组同音字，
dā qǐ le cí yǔ qiáo jì xù wǎng qián zǒu le
搭起了“词语桥”，继续往前走了。

zhì chuān duō yīn zì lín

智穿“多音字林”

méi zǒu duō jiǔ, pàng pàng zhū jiù kàn jiàn qián miàn

没走多久，胖胖猪就看见前面

yǒu yí kuài zhǎo zé dì, dì lǐ zhǎng mǎn le huā huā lù

有一块沼泽地，地里长满了花花绿

lù de mó gu. zhè yě tài qí guài le! pàng pàng zhū

绿的蘑菇。这也太奇怪了！胖胖猪

shēn jiǎo tī le tī lí zì jǐ zuì jìn de mó gu, mó gu

伸脚踢了踢离自己最近的蘑菇，蘑菇

“哎哟”一声大叫起来。这时，地图说话了：“这里可是‘多音字林’的蘑菇阵，难倒过许多小动物呢！想要出去，你得大声又正确地读出这些词语才行。”

胖胖猪一看，松了口气：还好，老师都教过。于是，胖胖猪准确地读了出来。他刚念完，那些蘑菇就站成一排，变成了一条平坦的小道。

勇攀“形近字峰”

离开“多音字林”，胖胖猪来到一座山峰前。这是哪儿呢？胖胖猪展开地图，发现他已经来到了“形近

zì fēng xíng jìn zì fēng shàng quán shì shí tou
字峰”。“形近字峰”上全是石头，
bú guò zhè xiē shí tou dōu cán quē bù quán měi kuài shí tou
不过这些石头都残缺不全，每块石头
shàng hái dōu kè zhe zì
上还都刻着字。

bié yán jiū la nǐ xiàn zài yào zuò de shì
“别研究啦，你现在要做的事，
shì jiāng zhè xiē cán quē bù quán de shí tou pīn qǐ lái zǔ
是将这些残缺不全的石头拼起来，组
chéng yí kuài kuài wán zhěng de cí yǔ shí dì
成一块块完整的‘词语石’。”地
tú rāng rang dào
图嚷嚷道。

tā gāng pīn wán shān fēng yí xià zi jiù bú jiàn
他刚拼完，山峰一下子就不见
le yì tiáo kuān kuò de shí bǎn lù chū xiàn zài pàng pàng
了，一条宽阔的石板路出现在胖胖

zhū miàn qián zài shí bǎn lù de jìn tóu lóng xiào zhǎng
猪面前。在石板路的尽头，龙校长
xiào mī mī de zhàn zài nà lǐ děng hòu zhe xiǎo dòng wù men
笑眯眯地站在那里，等候着小动物们
de dào lái
的到来。

积累百宝箱

读完故事，把你喜欢的字词记录下来吧。

知识直通车

同音字辨析

1．你能区分“同音字河”上的字吗？试试给它们组组词。

情（　　　）　园（　　　）　名（　　　）

晴（　　　）　圆（　　　）　明（　　　）

多音字辨析

2．圈出下面多音字的正确读音。

A．河面上漂（piāo　piào）着一片花瓣，看起来是那么漂（piāo　piào）亮。

B．妈妈给我倒（dǎo　dào）了一杯水，我不小心把它碰倒（dǎo　dào）了。

C．每次听到音乐（lè　yuè），妹妹就乐（lè　yuè）得手舞足蹈。

连字成词

3．我们也来学学胖胖猪，攀攀“形近字峰”。

天　夫　　往　住　　万　方

人　空　　下　来　　向　里

素养拓展营

词义辨析

1. “学”有很多种意思，你能将下面的词和它们的意思一一对应起来吗？

学问	从阅读等中获得知识或技能
数学	传授知识的地方
学习	正确反映客观事物的系统知识
学校	研究空间形式和数量关系的学科

连词成句

2. 我们学会了连字成词，接下来试试连词成句吧！

（1）顺利　胖胖猪　学院　到达了

____。

（2）欢迎　站在门前　大家　龙校长

____。

小小熊熬汤

文 / 张甲男　图 / 董美红

yè wǎn　yì wān yuè ér zhào zài yì kē dà shù
夜晚，一弯月儿照在一棵大树
shàng　tòu guò shù yè sǎ xià xīng xīng diǎn diǎn de guāng
上，透过树叶洒下星星点点的光

máng dà shù páng de yì jiān xiǎo mù wū zhèng shì xiǎo xiǎo
芒。大树旁的一间小木屋，正是小小
xióng de jiā
熊的家。

xiǎo mù wū lǐ yǒu yí gè lú zi lú zi shàng
小木屋里有一个炉子，炉子上
fàng zhe yì kǒu dà guō guō lǐ zhèng gū dū gū dū mào
放着一口大锅，锅里正咕嘟咕嘟冒
zhe pào yuán lái shì xiǎo xiǎo xióng zài áo tāng ne tāng lǐ
着泡，原来是小小熊在熬汤呢！汤里
dōu yǒu xiē shén me ne xiǎo xiǎo xióng bāo le jǐ kē lì zi
都有些什么呢？小小熊剥了几颗栗子
fàng jìn qù yǎo le yì sháo fēng mì fàng jìn qù hái zhuā
放进去，舀了一勺蜂蜜放进去，还抓
le yì bǎ yuè guāng fàng jìn qù
了一把月光放进去。

xiǎo xiǎo xióng xiǎng zhe tiān yuè lái yuè lěng shí
小小熊想着：天越来越冷，食
wù yuè lái yuè nán zhǎo le hē xià zhè xiē měi wèi de
物越来越难找了，喝下这些美味的
tāng jiù kě yǐ bǎo bǎo de shuì shàng yí jiào děng dào
汤，就可以饱饱地睡上一觉。等到
guò nián xióng bà ba xióng mā ma jiù huì cóng chéng lǐ dài
过年，熊爸爸熊妈妈就会从城里带
shàng xǔ duō hǎo chī de huí lái le
上许多好吃的回来了。

tū rán dōng dōng dōng xiǎng qǐ le yí zhèn qiāo
突然，“咚咚咚”响起了一阵敲
mén shēng xiǎo xiǎo xióng dǎ kāi mén wài miàn zhàn zhe yì
门声。小小熊打开门，外面站着一

只陌生的大大熊，他的身上沾满了冰碴儿，冷得直哆嗦。

大大熊嗅嗅鼻子：“好香的汤啊！能给我来点儿吗？”说完还摸了摸瘪瘪的肚子。

小小熊热情地说：“快进来烤烤火，喝点儿汤，暖和暖和吧！”

大大熊也不客气，一口气喝完了一碗汤，又端起锅喝了个底朝天，他舔舔嘴唇：“味道好极了！”小小熊咽了咽口水，肚子忍不住叫了起来。

大大熊抱歉地抓抓脑袋：“我实在太饿了，一不小心就把汤全喝光了，真是不好意思。或许，我们可以再熬一锅鱼汤。”他从兜里掏出几条

xiǎo yú　　zhè shì wǒ cóng hú lǐ de bīng kū
小鱼，“这是我从湖里的冰窟
long lāo chū lái de
窿捞出来的。”

xiǎo xiǎo xióng yòu kāi shǐ áo tāng le
小小熊又开始熬汤了，

zhè huí shì xiān měi de yú tāng zhè gǔ nóng nóng de xiāng
这回是鲜美的鱼汤，这股浓浓的香
wèi yì qǐ róng jìn le měi lì de yuè sè zhī zhōng
味，一起融进了美丽的月色之中……

积累百宝箱

故事中有许多带量词的短语，你能把它们找出来，抄写在下面吗？

知识直通车

词语理解

1．对于难以理解的词，我们可以通过找它的近义词来帮助理解。写出这几个词语的近义词吧。

美味——（　　　）　　或许——（　　　）

抱歉——（　　　）

用法辨析

2．在汉语中，用来表示人、事物或动作的单位的词，叫量词。量词的用法跟事物的形状有很大的关系，你能将它们一一对应起来吗？

小而圆的物体	条或根
细而长的物体	颗
其他形状的物体	面、轮、弯、方等
流动的物体	用盛放的容器作量词

理解运用

3. 学习了量词的用法，试着在括号里填上合适的量词吧。

一（　　）糖果　一（　　）纽扣　一（　　）小河

一（　　）手指　一（　　）牛奶　一（　　）饮料

素养拓展营

量词拓展

1. 你知道吗？不同的量词还可以表现同一事物不同方面的形态特征呢。想一想，填一填。

一（　　）蜂蜜　一（　　）蜂蜜　一（　　）蜂蜜

理解运用

2. 喝完美味的鱼汤，小小熊心情特别好，于是决定编一首数字儿歌，你能帮帮他填写完整吗？

一（　　）鸡，两（　　）马，

三（　　）小牛，四（　　）虾。

五（　　）青蛙叫呱呱。

六（　　）树，七（　　）花，

八（　　）小桥河上跨，

十（　　）娃娃回到家。

会走的声音

文 / 熊玉萍　图 / 波比

fàng xué lou　pí pí hóu chōng jìn jiā mén
“放学喽！”皮皮猴冲进家门，

放下书包就对妈妈说，“我听鹿奶奶讲故事去啦！”要知道，鹿奶奶可是讲故事的能手，这会儿她的身边一定又围满了小动物。

“鹿奶奶眼睛不好了，正在医院呢。”妈妈告诉他。

一想到那么和善的鹿奶奶眼前一片黑暗，皮皮猴心里很难过，他决定为鹿奶奶做点什么。

做什么呢？鹿奶奶说自己什么都不缺，只是有点想念森林里那些熟悉的声音。

“没问题，我一定把那些声音带来。”皮皮猴拍着胸脯保证。可是，

shēng yīn yòu méi zhǎng jiǎo huì gēn tā zǒu ma
声音又没长脚，会跟他走吗？

qù zhuō xiē xiǎo niǎo xiǎo gǒu shuō
“去捉些小鸟。”小狗说。

qù zhuā xiē chóng zi xiǎo qīng wā shuō
“去抓些虫子。”小青蛙说。

qù bǔ xiē fēng xiǎo zhū tí yì
“去捕些风。”小猪提议。

dà jiā chū de zhǔ yi bù shǎo kě méi yǒu yí gè
大家出的主意不少，可没有一个

xíng de tōng
行得通。

tū rán pí pí hóu xiǎng qǐ guò shēng rì shí bà
突然，皮皮猴想起过生日时爸
ba sòng gěi tā de lǐ wù lù yīn bǐ líng jī yí
爸送给他的礼物——录音笔，灵机一
dòng yǒu le
动：“有了！”

yè lǐ pí pí hóu qiāo qiāo chū le mén àn xià
夜里，皮皮猴悄悄出了门，按下

lù yīn jiàn dī dī nà shì xī shuài zài tiáo shì
录音键：“嘀嘀！”那是蟋蟀在调试
qín xián guā guā nà shì qīng wā men zhèng zài
琴弦；“呱！呱！”那是青蛙们正在
sài gē gū dōng nà shì shú tòu de táo zi zài
赛歌；“咕咚！”那是熟透的桃子在
liàn xí tiào shuǐ pū tōng nà shì xiǎo zhū gěi xiǎo
练习跳水；“扑通！”那是小猪给小
hé yí gè yōng bào huā lā huā lā nà shì
河一个拥抱；“哗啦！哗啦！”那是
xiǎo gǒu zài kuài lè de huá shuǐ
小狗在快乐地划水……

bù zhī guò le duō jiǔ yì kē dòu dà de shuǐ zhū
不知过了多久，一颗豆大的水珠
pā de yì shēng luò zài dì shàng yuán lái shì pí
“啪”的一声落在地上，原来是皮
pí hóu é tóu shàng de hàn shuǐ shuāi le xià lái
皮猴额头上的汗水摔了下来。

dā dā dā suí zhe yóu yuǎn jí jìn de jiǎo
“嗒嗒嗒！”随着由远及近的脚
bù shēng xiǎo mǎ pǎo guò lái gào su pí pí hóu yào xià
步声，小马跑过来，告诉皮皮猴要下
yǔ le pí pí hóu zhè cái fā xiàn tiān yǐ jīng hēi
雨了。皮皮猴这才发现，天已经黑
chéng yì tuán le hū hū fēng chuī zhe
成一团了。“呼——呼——”风吹着
kǒu shào pǎo chū lái le lā zhù shù zhī dàng qǐ le qiū
口哨跑出来了，拉住树枝荡起了秋
qiān hōng lōng yì zhǎ yǎn gōng fu léi yě
千。“轰隆——”一眨眼工夫，雷也

pǎo lái còu rè nao le
跑来凑热闹了。

pí pí hóu gāng pǎo jìn jiā mén yǔ jiù shā
　　皮皮猴刚跑进家门，雨就“沙
shā shā de xià le qǐ lái hǎo xiǎn a pí
沙沙”地下了起来。“好险啊！”皮
pí hóu shēn le shēn shé tou suī rán shòu le diǎnr jīng
皮猴伸了伸舌头。虽然受了点儿惊
xià dàn tā xīn lǐ tǐng gāo xìng de yīn wèi míng tiān
吓，但他心里挺高兴的，因为明天，
nà xiē shēng yīn jiù huì guāi guāi de gēn tā zǒu jìn lù nǎi
那些声音就会乖乖地跟他走进鹿奶
nai de bìng fáng la
奶的病房啦。

积累百宝箱

故事中有许多拟声词，你能把它们找出来抄写在下面吗？

知识直通车

比较辨字

1. 汉字真奇妙！摇身一变就成了另外的字，给下面的形近字组组词吧！

自（　　） 己（　　） 少（　　） 日（　　）

白（　　） 已（　　） 小（　　） 目（　　）

联系生活

2. 大自然还有很多其他的声音，试着将相关的声音一一对应起来吧。

小汽车	喔喔喔
猫	汪汪汪
狗	喵喵喵
鸭	嘎嘎嘎
公鸡	嘟嘟嘟

信息提取

3. 皮皮猴的录音笔录下了哪些声音？请你在文中圈出来，并把它们抄写下来。

____

素养拓展营

理解运用

1. 把物当成人来写，让物具有人的动作、表情等，会让句子更生动有趣，这就是拟人。文中有好几个用了拟人手法的句子，照样子，写一写。

例：一眨眼工夫，雷也跑来凑热闹了。

____

多音字辨析

2. “的”是一个多音字，在括号里写上正确的读音吧。

美妙的（　　）声音　　目的（　　）

的（　　）确　　一语中的（　　）

蜗牛的跑车

文／熊玉萍　图／波比

草丛里，住着一只热心的蜗牛。有一年，他到大山后面去旅行，帮一只做跑鞋的兔子设计了一座非常坚固的房子。为了表示感谢，兔子说不久后会送给他一件礼物。

这一天，蜗牛慢吞吞地往家走。突然，一个冒失的家伙急匆匆地跑过来，把蜗牛撞了个底朝天。“真是对不起，我正要找你签收包裹呢！”蜗牛这才看清，原来是邮递员仓鼠先生。

“是兔子寄来的，”蜗牛看了包裹

dān shàng de wén zì lián máng dǎ kāi wā duō
单上的文字，连忙打开，“哇，多

piào liang de pǎo xié ya kàn zhe zhè zhī liàng jīng jīng de
漂亮的跑鞋呀！”看着这只亮晶晶的

pǎo xié wō niú kāi shǐ fā chóu le pǎo xié dà de xiàng
跑鞋，蜗牛开始发愁了：跑鞋大得像

zhī chuán wǒ zěn me chuān ne
只船，我怎么穿呢？

shì shi zài shuō wō niú fèi le jiǔ niú èr hǔ
“试试再说！”蜗牛费了九牛二虎

zhī lì zhōng yú pá dào le xié zi shàng kě tā bù xiǎo
之力，终于爬到了鞋子上。可他不小

xīn cǎi dào le xié zi qián de àn niǔ pǎo xié hū lā lā
心踩到了鞋子前的按钮，跑鞋呼啦啦

de xiàng qián chōng qù wō niú xià le yí dà tiào gǎn
地向前冲去。蜗牛吓了一大跳，赶

jǐn jiāng shàng miàn de àn niǔ àn le gè biàn zǒng suàn ràng
紧将上面的按钮按了个遍，总算让
tā tíng le xià lái
它停了下来。

hē zhè nǎ lǐ shì pǎo xié jiǎn zhí shì pǎo
“呵，这哪里是跑鞋，简直是跑
chē ma suàn le pǎo chē jiù pǎo chē jīng guò fǎn
车嘛。”算了，跑车就跑车！经过反
fù shì yàn wō niú zǒng suàn zhī dào rú hé cāo kòng tā
复试验，蜗牛总算知道如何操控它
le zì cóng yǒu le tā wō niú kě máng lù le
了。自从有了它，蜗牛可忙碌了。

nǐ hǎo qǐng bāng wǒ shāo yí lì mǐ gěi dì
“你好，请帮我捎一粒米给弟
di wō niú gāng chū mén mǎ yǐ gē ge jiù huàng zhe
弟！”蜗牛刚出门，蚂蚁哥哥就晃着
hēi hū hū de nǎo dai duì tā shuō
黑乎乎的脑袋对他说。

hǎo de
“好的！”

nǐ hǎo qǐng bāng wǒ sòng yì fēng xìn gāng huí
“你好，请帮我送一封信！”刚回

lái xiào mī mī de qī xīng piáo chóng jiù jiào zhù
来，笑眯眯的七星瓢虫就叫住

le tā
了他。

hǎo lie
“好咧！”

máng lù de rì zi yì tiān tiān guò qù wō niú hǎo
忙碌的日子一天天过去，蜗牛好
jiǔ dōu méi qù lǚ xíng le dàn tā xīn lǐ lè zī zī de
久都没去旅行了，但他心里乐滋滋的。

zhè tiān cāng shǔ xiān sheng lái le kàn yàng zi
这天，仓鼠先生来了。看样子
tā bìng de bù qīng wō niú bào qiàn de shuō duì bu
他病得不轻，蜗牛抱歉地说：“对不
qǐ wǒ de pǎo chē zhuāng bú xià nǐ
起，我的跑车装不下你！”

bú yòng yí huìr yī yuàn yǒu chē lái
“不用，一会儿医院有车来

jiē wǒ zhǐ shì wǒ de gōng zuò néng bù néng má fan
接我。只是我的工作能不能麻烦

nǐ
你……”

méi wèn tí cāng shǔ xiān sheng de huà hái méi
“没问题！”仓鼠先生的话还没

shuō wán wō niú jiù mǎn kǒu dā ying le
说完，蜗牛就满口答应了。

jiù zhè yàng wō niú dāng shàng le lín shí yóu dì
就这样，蜗牛当上了临时邮递

yuán suī rán yǒu diǎnr lèi dàn tā hěn kāi xīn yīn
员。虽然有点儿累，但他很开心，因

wèi tā shì zhī rè xīn de wō niú ma
为他是只热心的蜗牛嘛。

积累百宝箱

故事中有很多ABB式的词语，你能把它们找出来，写在下面的田字格里吗？

知识直通车

易错字正音

1. 你能读对下面的字吗？在正确读音下打“√”吧。

牛（niú　liú）　　再（zài　zhài）

从（cóng　chóng）　　对（duì　diù）

会意字释义

2. 在汉字王国里，有一类字，它们是由两个或两个以上的独体字组成，意思也由这些字的意思组合而成，这类字就叫会意字。试着把下面的汉字和它们的意思一一对应起来吧。

信	一人前面走，一人后面跟
晶	三个太阳堆在一起，非常明亮
好	有子有女
武	关于军事的
从	人说的话有信用

信息提取

3. 读了这个故事，你能根据故事内容完成填空吗？

蜗牛的跑车是一只（　　　），它先后帮助了（　　　）、（　　　）和（　　　），它真是一只（　　　）的蜗牛。

素养拓展营

生活常识

1. 认识了蜗牛的跑鞋车，你还认识下面这些“车”吗？试试将它们对应起来吧。

风车　　自行车　　小汽车　　火车　　马车

加一加识字

2. “车”还可以作部首，和其他字组成新字，你知道有哪些呢？让“车”字开花吧！

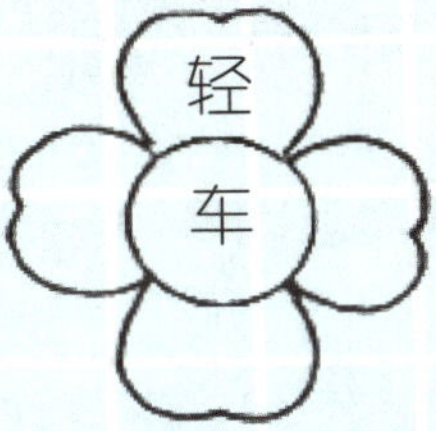

巨人的项链

文 / 熊玉萍　图 /YUHOO

沫沫是一个旅行家。一天，他带着会说话的猫咪到了巨人国，正想去找片花瓣住下，一声巨大的怒吼突然传来，吓得他们连忙趴在地上。紧接着一个个巨大的铁环像碟片似的从空中飞落，砸在地上一阵“咚咚咚”的闷响。

等他们回过神，爬起来打算弄清楚是怎么回事时，巨大的痛哭声

yòu chuán lái le tā men xún zhe kū shēng zhǎo qù yí
又传来了。他们循着哭声找去，一
gè qiáng zhuàng de jù rén zhèng zuò zài nàr háo táo dà
个强壮的巨人正坐在那儿号啕大
kū xiàng gè méi táng chī de hái zi
哭，像个没糖吃的孩子。

nǐ zěn me le māo mī sān liǎng xià jiù cuān
“你怎么了？”猫咪三两下就蹿

上了巨人的肩膀。听见有人问话，巨人才止住哭声说：“从我会说话起，国王就叫我在这里串项链，可到现在我还没完成呢。”

说到这里，他又要哭了。

bié kū bié kū wǒ men lái bāng nǐ māo
“别哭别哭！我们来帮你！”猫
mī zhǐ zhi zì jǐ yòu zhǐ le zhǐ páng biān
咪指指自己，又指了指旁边。

jù rén zhè cái kàn qīng chu zhàn zài tā miàn qián de xiǎo
巨人这才看清楚站在他面前的小
rén mò mo
人——沫沫。

nǐ men zhēn de néng bāng zhù wǒ ma jù rén
“你们真的能帮助我吗？”巨人
yǒu diǎn bù xiāng xìn
有点不相信。

dāng rán
“当然。”

jù rén hěn gāo xìng lián máng bǎ gāng cái rēng diào
巨人很高兴，连忙把刚才扔掉
de tiě huán zhǎo le huí lái huā lā lā duī zài tā men
的铁环找了回来，哗啦啦堆在他们
miàn qián mò mo fèi le hǎo dà jìn cái jiāng zuì jìn de
面前。沫沫费了好大劲，才将最近的
liǎng gè tiě huán āi zài yì qǐ méi xiǎng dào tā men gāng
两个铁环挨在一起，没想到它们刚
kào lǒng jiù tán kāi le zhè shì zěn me huí shì tā zǐ
靠拢就弹开了。这是怎么回事？他仔
xì yí kàn měi gè tiě huán shàng dōu kè yǒu yí gè cí
细一看，每个铁环上都刻有一个词
yǔ pí qiú pāi shǒu shǒu tào qiú pāi
语：皮球、拍手、手套、球拍……

mì mì shì bú shì zài zhè xiē cí yǔ shàng ne
秘密是不是在这些词语上呢？

沫沫突然想起什么，试着将刻有“皮球”“球拍”的两个铁环挨在一起，嘿，两个铁环一下子就扣在了一起，怎么掰也分不开了。再把“拍手”“手套”依次靠过去，没想到也扣上了。“哈，我知道了！”沫沫连忙叫巨人来帮忙，看看有没有“套”字开头的词语。就这样，不一会儿，他们就把巨人的项链给串

hǎo le
好了。

tài hǎo la jù rén bǎ xiàng liàn tào zài bó
“太好啦！”巨人把项链套在脖
zi shàng zài yě bú yòng wèi chuàn xiàng liàn de shì shāng
子上，“再也不用为串项链的事伤
shén le zǒu dào wǒ jiā zuò kè ba
神了！走，到我家做客吧！”

méi xiǎng dào píng shí wán de cí yǔ jiē lóng yě néng
“没想到平时玩的词语接龙也能
pài shàng yòng chǎng zuò zài jù rén de jiān bǎng shàng mò
派上用场。”坐在巨人的肩膀上，沫
mo duì māo mī shuō néng bāng shàng jù rén de máng zhēn
沫对猫咪说，“能帮上巨人的忙，真
shì bù xū cǐ xíng a
是不虚此行啊！”

积累百宝箱

读完故事后，你感兴趣的字词有哪些，请把它们记录下来吧！

知识直通车

偏旁归类识字

1．故事中有许多提手旁的字，我发现这些提手旁的字都与（　　　）有关。

词语接龙

2．请根据文中的提示，把绿巨人的项链制作完成。

皮球—球拍—（　　　）—（　　　）—套房

内容理解

3．沫沫是怎样将项链串上的？（　　）

A．用词语接龙的方式

B．借助工具将它们串上的

素养拓展营

能力训练　1．快来玩词语接龙。看你能接成多长的龙。

词语—（　　　　）—（　　　　）—（　　　　）

标点训练　2．来到巨人家里，沫沫说了好多话，你能给下面的句子加上标点符号吗？

（1）你的家好大啊（　　）

（2）这房子有多高呢（　　）

（3）能到你家做客（　　）我非常开心（　　）

魔法咒语倒过来

文 / 熊玉萍　图 / 波比

sēn lín lǐ zhù zhe yí gè
森林里住着一个
cū xīn de xiǎo mó nǚ yīn wèi tā
粗心的小魔女。因为她
de cū xīn nào chū le bù shǎo xiào
的粗心，闹出了不少笑
hua wèi cǐ lǎo mó nǚ méi shǎo
话。为此，老魔女没少
shuō tā kě tā jiù shì bù tīng
说她，可她就是不听，
fǎn ér jué de hěn hǎo wán
反而觉得很好玩。

zhè tiān lǎo mó nǚ yǒu
这天，老魔女有
shì xū yào wài chū běn dǎ suàn xiān
事需要外出，本打算先
jiāo huì xiǎo mó nǚ rú hé biàn chū wǔ
教会小魔女如何变出午
cān zài zǒu kě xiǎo mó nǚ zǎo jiù
餐再走，可小魔女早就

pǎo de bú jiàn rén yǐng lǎo mó nǚ zhǐ hǎo bǎ mó fǎ
跑得不见人影，老魔女只好把魔法
shū fàng zài le zhuō shàng liú xià yì zhāng zhǐ tiáo biàn chū
书放在了桌上，留下一张纸条便出
le mén
了门。

xiǎo mó nǚ cóng wài miàn huí lái kàn dào zhǐ tiáo
小魔女从外面回来，看到纸条，
gāo xìng jí le hā hā zhè xià yǒu kǒu fú la
高兴极了：“哈哈，这下有口福啦！
jǐng shuǐ zuì tián xiān biàn diǎnr lái hē ba xiǎo mó
井水最甜，先变点儿来喝吧！”小魔
nǚ dǎ kāi mó fǎ shū fēi kuài de piē le yì yǎn
女打开魔法书，飞快地瞥了一眼，
jiù zhào zhe shū niàn qǐ lái jī li gū lū bā lā
就照着书念起来：“叽里咕噜巴拉
jī jǐng shuǐ huà yīn gāng luò yì kǒu shuǐ jǐng
叽——井水！”话音刚落，一口水井
jiù chū xiàn zài wū zi lǐ
就出现在屋子里。

ǎ zěn me huì zhè yàng bù guǎn le hē
“啊？怎么会这样？不管了，喝
le zài shuō xiǎo mó nǚ cóng jǐng lǐ dǎ lái shuǐ gū
了再说。”小魔女从井里打来水，咕
lū gū lū de hē le gè tòng kuài
噜咕噜地喝了个痛快。

xiàn zài wǒ xiǎng chī diǎnr niú ròu le xiǎng
“现在我想吃点儿牛肉了。”想
dào zhèr xiǎo mó nǚ niàn qǐ le zhòu yǔ jī li
到这儿，小魔女念起了咒语：“叽里

咕噜巴拉叽——牛肉！”只听“砰”的一声，屋顶上竟然掉下一头肥滚滚的牛。

“哎呀！我要的是牛肉，怎么出来一头肉牛啊！”算了，先把它关在屋子里，另外变点儿什么吧。

“叽里咕噜巴拉叽——豆花！”

天啊，满地都是花豆，还把肉牛给滑倒了！

“叽里咕噜巴拉叽——皮蛋！叽里咕噜巴拉叽……”小魔女不停地念咒语，屋子里的东西越来越多，可全都不是她想要的。眼看着太阳就要下山了，又累又饿的小魔女决定变点蜂蜜出来，和着以前剩下的饼干填一下肚子。

“叽里咕噜巴拉叽——蜂蜜！”

这回小魔女变出什么来了呢？

哇，你猜对了！是一群蜜蜂。

傍晚，老魔女办完事回来，看见杂乱拥挤的屋子，一边摇头一边念着：“叽拉巴噜咕里叽——消失！”

zhè cái zài yí gè dà zhú kuāng lǐ zhǎo dào le bèi mì fēng
这才在一个大竹筐里找到了被蜜蜂
dīng de bí qīng liǎn zhǒng de xiǎo mó nǚ
叮得鼻青脸肿的小魔女。

kàn dào suǒ yǒu biàn chū lái de dōng xi dōu méi
看到所有变出来的东西都没
le xiǎo mó nǚ zhè cái xiǎng qǐ shén me lián máng fān
了，小魔女这才想起什么，连忙翻
kāi mó fǎ shū yuán lái cū xīn de xiǎo mó nǚ kàn lòu
开魔法书。原来，粗心的小魔女看漏
le mó fǎ zhòu yǔ hòu miàn kuò hào lǐ de huà cóng yòu
了魔法咒语后面括号里的话——从右
wǎng zuǒ niàn
往左念。

积累百宝箱

读完这个故事，把你觉得有意思的字词记录下来吧！

知识直通车

形声字识字

1．在汉字王国中，有这样一类字，一部分表示意思，一部分表示读音，这类字叫形声字。你能从文中找出几个，并工整地写下来吗？

____。

词语释义

2．汉字很神奇，汉字组成的词语更神奇！词语里面的字换换位置，意思就大不一样了。你能说出下面这些词语的意思吗？

图画　　画图　　牛奶　　奶牛　　刷牙　　牙刷

内容理解

3．小魔女总是变不出自己想要的东西，这是因为（　　）。

A．她很粗心，没看完要求。

B．她很贪玩，念错了魔法咒语。

素养拓展营

词语释义

1. 你能将下面这些词送进合适的句子中吗？

喜欢　　　　欢喜

A. 我（　　　）吃苹果。

B. 妈妈表扬了我，我满心（　　　）。

带领　　　　领带

A. 爸爸买了一条新（　　　）。

B. 老师（　　　）我们到大自然去寻找春天。

偏旁识字

2. 猜猜下面的字与什么有关。请用线连起来。

治　流　泪	与温度有关
冷　凉　冰	与手的动作有关
抬　推　拉	与心理活动有关
怜　惊　怕	与水有关

送你一阵雨

文 / 王千缘　图 / 海绵方球

xióng māo xiān sheng zuì ài qù lǚ xíng zhè cì
熊猫先生最爱去旅行，这次，
tā lái dào le wú yǔ zhèn tiān shàng de tài yáng xiàng
他来到了“无雨镇”。天上的太阳像
yí gè huǒ qiú xióng māo xiān sheng gǎn jué zì jǐ kuài bèi kǎo
一个火球，熊猫先生感觉自己快被烤
shú le lù páng de dà shù dào shì yù yù cōng cōng huā
熟了。路旁的大树倒是郁郁葱葱，花

圃里还开着绚丽多彩的花，熊猫先生仔细一看，树和花竟然全是假的！

一只骆驼路过，熊猫先生疑惑地问他：“你们怎么不栽真树，种真花？”

“无雨镇从来不下雨，植物没有雨水的滋养，种下也活不了。”骆驼叹了口气，摇摇头走开了。

不下雨真糟糕！熊猫先生决定帮帮他们。他发消息给家乡的伙伴们，请他们帮忙收集一些雨并寄过来。

收到消息的伙伴们纷纷拿出“超级玻璃瓶”去集雨。当大家把装满各种雨的玻璃瓶一一放进快递箱，准备寄出时，小狗好好急匆匆地赶

lái bǎ tā shōu jí de yǔ yě fàng le jìn qù
来，把她收集的雨也放了进去。

xióng māo xiān sheng bǎ wú yǔ zhèn de jū mín zhào jí
熊猫先生把无雨镇的居民召集
dào guǎng chǎng hái tiē xīn de gěi dà jiā zhǔn bèi le yǔ sǎn
到广场，还贴心地给大家准备了雨伞。

dì yī gè bō li píng lǐ zhuāng zhe xiǎo tù shān shan shōu
第一个玻璃瓶里装着小兔珊珊收
jí de zhèn yǔ zhè yǔ xià yí zhèn tíng yí zhèn dà jiā zhǐ
集的阵雨，这雨下一阵停一阵，大家只
hǎo bǎ yǔ sǎn dǎ kāi zài hé shàng hé shàng zài dǎ kāi
好把雨伞打开再合上，合上再打开。

dì èr gè bō li píng yì dǎ kāi cán sī bān de
第二个玻璃瓶一打开，蚕丝般的

雨丝连绵不断，低风吹过，还伴着一丝凉意。这是小猫可可收集的细雨。

熊猫先生刚拧开第三个玻璃瓶的瓶盖，乌云瞬间将天空涂抹成黑铅色，一道闪电劈开乌云，接着一声巨响，豆大的雨点落了下来。原来，这是小猴福宝特意乘坐时光列车，去夏天收集的雷雨。

第四个玻璃瓶的雨水中夹杂着雪花。小熊嘟嘟好奇地舔了舔落到鼻

jiān shàng de xuě huā liáng liáng de
尖上的雪花，凉凉的。

dāng xióng māo xiān sheng dǎ kāi zuì hòu yí
当熊猫先生打开最后一
gè píng zi shí fēng xiàng guài shòu yí yàng sī
个瓶子时，风像怪兽一样嘶
hǒu lián cū zhuàng tǐng bá de jiǎ shù yě bèi
吼，连粗壮挺拔的假树也被
chuī wān le yāo yǔ diǎn rú xiǎo shí zǐr bān
吹弯了腰；雨点如小石子儿般

噼里啪啦砸在地上……熊猫先生赶紧盖上瓶盖。再看小狗好好贴在瓶底的留言条：“这是我收集的狂风暴雨，开瓶时请务必注意安全！”

熊猫先生把这些“超级玻璃瓶”都送给了镇长，这下子，无雨镇有雨了，大家可以种下真正的树和花啦！

积累百宝箱

故事里有许多优美的词句，把你喜欢的记录下来吧！

知识直通车

形声字识字

1．汉字中绝大多数是形声字，形旁表示意思，声旁表示读音。你可以根据形声字的规律来猜猜下列字的读音吗？

yāo　　cǎi　　zǐ　　māo　　dì

彩　　仔　　猫　　递　　腰

仿写句子

2．在修辞王国中，有一种魔法，将一种事物比拟成另外一种事物，让难懂的道理或事物的特征变得浅显、生动而具体，这就是比喻。你能照样子写一个句子吗？

例：天上的太阳像一个火球。

洁白的云朵像________________________。

__________像________________________。

内容理解

3. 小动物们都给“无雨镇”寄了哪些雨？（　　）

A. 阵雨　B. 细雨　C. 雷雨　D. 雨夹雪　E. 暴雨

素养拓展营

部首识字

1. “雨”是一个象形字，它既可以单独成字，也是一个部首。由“雨字头”组成的汉字多与雨有关，你知道哪些雨字头的字？写一写。

雨——（　　）（　　）（　　）（　　）（　　）

跨学科知识

2. 你知道吗？雨是可以分类的，根据雨量大小，可以分成六个等级，请按从小到大的顺序给它们排排队。

大暴雨　小雨　大雨　暴雨　特大暴雨　中雨

____。

捉迷藏

文 / 张甲男　图 / 大肥象工作室

yā ya xǐ huan zhuō mí cáng
丫丫喜欢捉迷藏，
tā yì biān pāi shǒu yì biān chàng
她一边拍手一边唱：
zhuō mí cáng zhuō mí cáng wǒ
“捉迷藏，捉迷藏，我
lái zhǎo nǐ lái cáng shuí lái hé
来找，你来藏，谁来和
wǒ zhuō mí cáng
我捉迷藏？”

fēng ér lái hé yā ya zhuō mí cáng tā yí huìr
风儿来和丫丫捉迷藏，它一会儿
dūn dào qiáng jiǎo yí huìr zuān jìn yā ya de yī lǐng
蹲到墙角，一会儿钻进丫丫的衣领，
yí huìr yòu pá shàng gāo gāo de shù shāo pǎo lái pǎo qù
一会儿又爬上高高的树梢，跑来跑去，
bù zhī dào wǎng nǎ lǐ cáng cái hǎo zuì hòu fēng ér duǒ
不知道往哪里藏才好。最后，风儿躲
jìn nóng mì de zhú lín lǐ shuō yā ya wǒ cáng hǎo
进浓密的竹林里说：“丫丫，我藏好
le kuài lái zhǎo wǒ ba zhú yè shā shā xiǎng zhú gān
了，快来找我吧！”竹叶沙沙响，竹竿
wān wan yāo yā ya tīng le tīng kàn le kàn gāo xìng
弯弯腰。丫丫听了听，看了看，高兴
de hǎn hā hā fēng ér wǒ zhǎo dào nǐ le
地喊：“哈哈！风儿，我找到你了！”

yuè ér lái hé yā ya zhuō mí cáng tā chě lái yí
月儿来和丫丫捉迷藏，它扯来一
dà piàn yún cai zhē zhù zì jǐ de liǎn shuō yā ya
大片云彩，遮住自己的脸，说：“丫丫，
wǒ duǒ hǎo le kuài lái zhǎo wǒ ba yā ya kàn xiàng tiān
我躲好了，快来找我吧！”丫丫看向天
kōng qī hēi yí piàn nǎ lǐ yǒu yuè ér de yǐng zi
空，漆黑一片，哪里有月儿的影子。
yā ya zhèng dǎ suàn rèn shū kě yuè ér biē bú zhù le
丫丫正打算认输，可月儿憋不住了，
tā cóng yún cai lǐ tàn chū xiǎo nǎo dai chǒu le chǒu yā ya
它从云彩里探出小脑袋瞅了瞅。丫丫
kàn dào yún cai xiāng zhe yín biān kāi xīn de zhǐ zhe yún cai
看到云彩镶着银边，开心地指着云彩

shuō hā hā yuè ér
说：“哈哈！月儿，
wǒ zhǎo dào nǐ le
我找到你了！”
xiǎo yǔ diǎnr men
小雨点儿们
lái hé yā ya zhuō mí cáng
来和丫丫捉迷藏，
tā men yǒu de cóng yǔ sǎn
它们有的从雨伞

shàng huá luò dào ní tǔ lǐ yǒu
上滑落到泥土里，有
de zhā jìn chí táng lǐ yǒu de luò
的扎进池塘里，有的落
zài huā duǒ shàng yā ya kàn dào ní
在花朵上。丫丫看到泥
tǔ biàn shī rùn le chí táng lǐ de
土变湿润了，池塘里的
shuǐ zhǎng gāo le huā duǒ shàng zhuì
水涨高了，花朵上缀

mǎn yuán rùn de xiǎo zhēn zhū tā hā hā de xiào zhe shuō
满圆润的小珍珠，她哈哈地笑着说：
xiǎo yǔ diǎnr wǒ zhǎo dào nǐ men le
“小雨点儿，我找到你们了！”

gē ge lái hé yā ya zhuō mí cáng yā ya cáng
哥哥来和丫丫捉迷藏。丫丫藏
zài mén hòu pá jìn chuáng dǐ duǒ jìn guì zi
在门后，爬进床底，躲进柜子……
ài bù guǎn zěn me duǒ gē ge zǒng néng zhǎo dào
唉，不管怎么躲，哥哥总能找到
tā yā ya kě zháo jí le gāi zěn me cáng gē ge cái
她。丫丫可着急了，该怎么藏哥哥才
zhǎo bú dào ne yā ya zhàn zài mén kǒu wàng jiàn yuǎn chù
找不到呢？丫丫站在门口望见远处
de yuán yě hā hā yǒu bàn fǎ le
的原野。哈哈！有办法了！

yā ya pīn mìng de pǎo ya pǎo pǎo jìn bì lǜ
丫丫拼命地跑呀跑，跑进碧绿
de yuán yě fǔ xià shēn lái cáng zài cǎo cóng zhōng yí
的原野，俯下身来，藏在草丛中一
dòng bú dòng yā tā biàn chéng le yì zhū qīng qīng de
动不动。呀，她变成了一株青青的
xiǎo cǎo suí zhe fēng ér kuài lè de wǔ dǎo zhè yì huí
小草，随着风儿快乐地舞蹈。这一回
a gē ge zhǔn xiǎng bú dào zhǎo bù zháo
啊，哥哥准想不到，找不着。

gē ge lái dào yuán yě dōng qiáo qiao xī wàng wang
哥哥来到原野，东瞧瞧，西望望，
zhǐ jiàn yí piàn lǜ yóu yóu de xiǎo cǎo děng yā ya rěn bú
只见一片绿油油的小草。等丫丫忍不

zhù gē gē de xiào qǐ lái gē ge cái fā xiàn tā yí
住咯咯地笑起来，哥哥才发现。他一
xià zi zhuā zhù yí piàn cǎo yè yā ya wǒ zhǎo dào nǐ
下子抓住一片草叶："丫丫，我找到你
le āi yō bié jiū wǒ de biàn zi a yā
了！""哎哟！别揪我的辫子啊！"丫
ya zhè cái biàn le huí lái zhàn zài gē ge miàn qián
丫这才变了回来，站在哥哥面前。

积累百宝箱

文中有很多表示动作的短语，你能把它们找出来并抄写下来吗？

知识直通车

词义理解

1．表示动作的词能让文字生动起来，将下面的动词和它们形容的对象连接起来吧。

栽	皮球
拍	树苗
吃	衣服
穿	饺子
揪	图画
画	辫子

句子仿写

2．照样子，写句子。注意用上加点的词。

例：小雨点儿们来和丫丫捉迷藏，它们有的从雨伞上滑落到泥土里，有的扎进池塘里，有的落在花朵上。

____

____

信息提取

3. 丫丫都和谁捉了迷藏，在文中圈出来后，再记录下来吧！

____

素养拓展营

用法辨析

1. “的”一般用在表示事物名称的词前面，“地”一般用在表示动作的词的前面，你能把它们正确地填在下面括号里吗？

美丽（　　）鲜花　　　　认真（　　）读书

仔细（　　）观察　　　　可爱（　　）孩子

能力训练

2. 你玩过捉迷藏吗？和谁玩的？怎么玩的？用几句话说一说吧。

____

____

狐狸住店

文 / 尤艳芳　图 /YUHOO

hú li xǐ huan dào chù lǚ xíng　yǒu yì tiān　tā
狐狸喜欢到处旅行。有一天，它
shí zài zǒu lèi le　xiǎng zhǎo gè lǚ diàn xiū xi xiū xi
实在走累了，想找个旅店休息休息。
qià hǎo　qián miàn jiù yǒu yì jiā lǚ diàn　zhāo pai shàng
恰好，前面就有一家旅店，招牌上
xiě zhe　jiǎng jiu xiǎo diàn　hú li yí kàn jiàn zhè ge
写着“讲究小店”。狐狸一看见这个
míng zi　jiù lì kè xǐ huan shàng le zhè jiā diàn　xìng
名字，就立刻喜欢上了这家店，兴
chōng chōng de zǒu le jìn qù
冲冲地走了进去。

hú li xiān sheng　nín shì yào zhù diàn ma　tù
“狐狸先生，您是要住店吗？”兔

zi tài tai rè qíng de shuō shì de hái yǒu fáng jiān
子太太热情地说。“是的，还有房间
ma hú li wèn
吗？”狐狸问。

yǒu yǒu yǒu gěi nín zhǔn bèi le zuì hǎo de fáng
“有有有，给您准备了最好的房
jiān tù zi xiān sheng shuō
间。”兔子先生说。

tù zi xiān sheng hé tù zi tài tai dài zhe hú li
兔子先生和兔子太太带着狐狸
lái dào èr lóu gāng dǎ kāi mén yì gǔ chòu wèi pū
来到二楼，刚打开门，一股臭味扑
bí ér lái hú li niē zhe bí zi wǎng lǐ yì qiáo
鼻而来。狐狸捏着鼻子往里一瞧，
chuáng dān zhòu bā bā de shàng miàn hái tǎng zhe liǎng zhī chòu
床单皱巴巴的，上面还躺着两只臭
wà zi tù zi tài tai gǎn jǐn bǎ wà zi rēng jìn lā jī
袜子。兔子太太赶紧把袜子扔进垃圾
kuāng lǐ hú luàn de chě le liǎng bǎ chuáng dān tù zi
筐里，胡乱地扯了两把床单。兔子
xiān sheng cóng kǒu dai lǐ tāo chū yì píng xiāng shuǐ zài wū
先生从口袋里掏出一瓶香水，在屋
zi lǐ pēn le pēn mǎn liǎn duī xiào de shuō zhǐ yǒu
子里喷了喷，满脸堆笑地说：“只有
zhè yì jiān kè fáng le nín jiù jiāng jiu jiāng jiu ba
这一间客房了，您就将就将就吧！”

hú li yòu è yòu kě shí zài méi lì qi qù
狐狸又饿又渴，实在没力气去
zhǎo bié de lǚ diàn le zhǐ hǎo tàn zhe qì shuō hǎo
找别的旅店了，只好叹着气说：“好

吧，我就将就一下。麻烦您先给我来点吃的吧。”

“没问题，我马上去拿。”兔子太太急忙拉着兔子先生走出房间。

狐狸有气无力地坐在椅子上，忽然发现面前的桌子上蒙了一层厚厚的灰尘。

“兔子先生和兔子太太也太不讲

jiu le zhè me zāng de dì fang zěn me zhù
究了，这么脏的地方怎么住
ne hú li qì de cóng wū zi lǐ chōng
呢？”狐狸气得从屋子里冲
chū lái hé tù zi tài tai zhuàng le gè
出来，和兔子太太撞了个
mǎn huái tù zi tài tai shǒu lǐ de hé tao
满怀。兔子太太手里的核桃
sū yě diào zài dì shàng shùn zhe lóu
酥也掉在地上，顺着楼
tī gǔn le xià qù
梯滚了下去。

wán le hé tao sū yě
“完了，核桃酥也
chī bù chéng le hú li jué de
吃不成了。”狐狸觉得
zì jǐ bù yīng gāi zhè me mǎng zhuàng
自己不应该这么莽撞，

就算不住这里，先填饱肚子也可以啊！谁知，核桃酥从二楼滚到一楼，竟然完好无损。狐狸捡起核桃酥，却发现上面长满绿毛，早就发霉了。

“这样的东西还能吃吗？”狐狸先生气急败坏地说。兔子太太说：“出门在外您就将就一下嘛。”

这时，兔子先生拎着茶壶走了过来：“茶来啦！”话音刚落，“咔吧”一声，茶壶把断了，茶水全洒在了兔子先生脚上。

“我送你去医院吧！”狐狸焦急地说。

兔子先生笑着说：“不用不用，茶水是凉的。”

tiān na zhè nǎ lǐ shì jiǎng jiu xiǎo
“天哪！这哪里是‘讲究小

diàn fēn míng jiù shì jiāng jiu xiǎo diàn hú li
店’，分明就是‘将就小店’。”狐狸

kū xiào bù dé zhǐ hǎo tuō zhe pí bèi de shēn tǐ jì xù
哭笑不得，只好拖着疲惫的身体继续

qù xún zhǎo lǚ diàn le
去寻找旅店了。

积累百宝箱

读完这个故事，把你觉得有意思的词语记录下来吧！

知识直通车

比较识字

1. 比较识字也是识字方法的一种，你能区分这些字吗？请把读音和字连起来吧。

tù	miǎn	wài	chù	tài	dà
兔	免	处	外	太	大

同音词释义

2. 故事中的“讲究”和“将就”这两个词读起来差不多，意思却相差很大，你能区分它们的意思吗？连一连。

将就　　讲求，重视；对生活等方面要求高，追求精美。

讲究　　勉强适应不是很满意的事物或环境。

内容理解

3. 小狐狸去“讲究小店”体验了一把，发现那是一个（　　）小店。

A. 将就　　B.满意

素养拓展营

同音词释义

1. 生活中，我们会遇上许多同音词，你能将它们送进合适的句子里吗？

十字　　　　识字

（1）妈妈爱绣（　　　）绣。

（2）我学会了好多（　　　）方法。

星星　　　　猩猩

（3）地上一只（　　　），望着满天（　　　）。

理解运用

2. 故事里有许多四字词语，试着用“有气无力”写一句话吧！

____

（扫码获取答案）